ワインがすすむ♪

やせつまみ

相性の良さを味わう
至福の晩酌セット80

誠文堂新光社

ワインがある食卓は、ちょっと豪華に感じます。それは、
ワインが料理をひきたて、おいしくしてくれるから。

本書では、40 年以上、「和食とワイン」を組み合わせて料理を提供してきた「割烹 小田島」のオーナーシェフ、小田島稔さんに教えてもらった、家庭で気軽に作れるヘルシー料理のレシピとワインのペアリングを提案しています。

それぞれの料理に合ったワイン（主要ブドウ品種）と、ペアリングのポイント付きなので、ワイン初心者から、もう少しワインの学びを深めたい人まで、さまざまなシーンで活用できます。

今日から早速、和食とワインで
「おうちごはん＆おうちバル」を楽しんでみませんか？

もっとヘルシーに
おうちごはん＆おうちバル

contents
ワインがすすむ やせつまみ

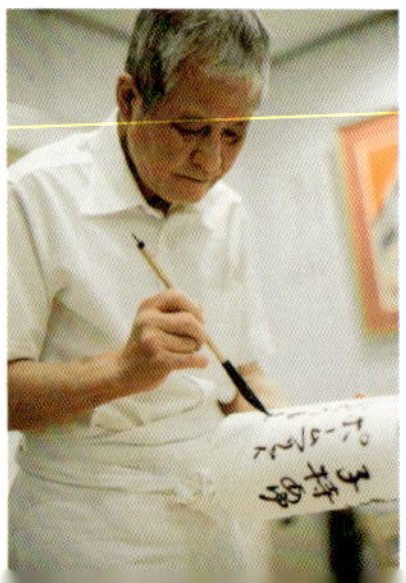

- 1カップは200cc、大さじは15ml、小さじは5ml です。
- 【割合】と書かれているものは比率です。あくまで目安にして、自分の好みで仕上げてください。
- レシピの分量と写真で掲載している料理の量は異なる場合があります。
- 各料理と組み合わせたワイン（主要ブドウ品種）は、ワインを選ぶ際の目安にしてください。巻末のブドウ品種の説明も参考にして、自分好みのマッチングをしてみて下さい。
- カロリーはレシピの分量に関係なく1人分で計算しています。

インタビュー

割烹 小田島が考える 和食とワイン

東京・六本木にある割烹 小田島。
40年以上も和食とワインを組み合わせて料理を作ってきました。
その技とワインとのペアリングのコツについて、
小田島稔が語ります。（聞き手：本間朋子）

「和食とワイン」。

今でこそ、そんなに驚く組み合わせではないかもしれません。でも、40年前の日本では、和食屋で出されるアルコールは日本酒が当たり前でした。

「割烹 小田島」のオーナーシェフ、小田島稔さんは、1970年代から、和食をベースとして洋食、中華などの素材を組み合わせたオリジナル料理とそれに合ったワインを出すお店を営んでいます。

「私に和食とワインの相性の良さを教えてくれたのは、パリでした」と話すムッシュ（妻の美智子さん、長男の大祐さんをはじめ、常連客は親しみを込めて稔さんを〝ムッシュ〟と呼びます）。

ムッシュは、1969年から3年間、パリで一番はじめにできたと言われる和食屋「たから」で、板前としての腕をふるいながら、ワインの味を学びました。「日本酒はパリでは高すぎてとても手が出ませんでした。なので、ワインしか飲むものがない。毎日ワイン漬けでした（笑）」と振り返ります。

帰国後、東京・元麻布に開いた「割烹 有栖川」は、和食にワインを合わせた店として、経済界や芸能界など各界の著名人や食通が通う店として評判となりました。

そして現在も、六本木ヒルズの近くにある割烹小田島は、ワインのセレクトに大祐さんという力強い味方を得て、独創的な料理とそれにぴったりと合ったワインが楽しめる店として、毎夜、多くの人々で賑わっています。

本書では、割烹小田島に教えてもらった〝家庭で気軽に作れるおつまみ〟のレシピと、一品一品にマッチするワインを掲載しています。まずはその基本となる小田島の40年の歴史で培った「和食」と「ワイン」の考え方をムッシュが語ります。

料理とワインで五味を完成させる

実は好相性 ワインと和食

オープンカウンターの向かい側、店全体が見わたせる厨房の一番手前が、「割烹 小田島」のオーナーシェフ、ムッシュこと小田島稔さんの定位置です。

「和食は原材料が豊富で、味つけがやわらかいのが特徴です。ワインもまた、決して味が濃いものではありません。だから、基本的にワインと合わない和食はほとんどないと考えていいと思います」

大ぶりのキャベツを刻んだり、ピカピカのサバをおろしたり。流れるような手さばきで料理の仕込みをしながら、ムッシュはこう話します。

割烹小田島では基本的に、前菜からデザートまで日替わりのお任せコースで、料理一品一品に合ったワインを提供しています。その日の仕入れやムッシュのインスピレーションで変わるメニューとワインとのペアリングは、割烹小田島がもっとも大切にしてきたものです。

ワイン通をもうならせる卓越したワイン選びのセンスがあると評判のムッシュから、現在、ワインセレクトのバトンを受け継いでいるのが、長男の小田島大祐さんです。

ムッシュと大祐さんでワインの味わいをチェックします。二人のワイン談議は尽きません

そこで、小田島のソムリエとしてサービスを受け持つ大祐さんが、ムッシュ直伝の料理とワインのペアリングのコツを解説します。大きくわけて4つの方向性があるそうです。

「同調、補完、中和はそれぞれ、ワインを甘味・塩味・酸味・旨味・苦味の〝五味〟の一部としてとらえると良いでしょう。料理とワインとを合わせて、おいしさの基本である五味を完成させるイメージです」

小田島が教えるペアリング4つのコツ

本書の料理とワインのペアリングの基本的な考え方をまとめました。
ペアリングの方法は様々ですので、これは一つの手法。自分でいろいろと試してみて下さい。

1 補完

食材や調味料の味わいに足りない要素をワインで加えることです。

例えば、シンプルに塩、胡椒で味つけした野菜サラダに酸味のある白ブドウ品種、ソーヴィニヨン・ブランを“プラス”するという具合です。

本書の例

P15 もやしネギ塩炒め × ゲヴュルツトラミネール（シンプル＋華やかさ）

P40 鯛のかぶら蒸し × ヴィオニエ（あっさり＋香り高さ）

2 中和

料理とワイン、お互いの個性を「中和」して、味わいのバランスをとることです。

「例えば酸のある料理に甘みのあるメルローを合わせるといったように、互いのフレーバーを組み合わせて楽しむ方法がこのタイプです。（大祐さん）」

本書の例

P47 サワラの甘露煮 × ガメイ（ほんのり甘いサワラと酸味のあるガメイ）

P81 鶏モツレバーペースト × ネッビオーロ（レバーペーストの脂質をワインの渋みが中和）

3 同調

料理に使っている食材や調味料の味わいに似たニュアンスを持つワインを選ぶこと。

「例えば、マグロの醤油漬けには、赤ワイン――特に軽やかな酸味と深みのある味わいが特徴の品種、ピノ・ノワールが合います」と大祐さんは話します。ほかにも、デザートなど甘みのある食事に甘さを感じるワインを合わせるのも「同調」のペアリングです。

本書の例

P23 皮ごとレンコンのきんぴら風 × プリミティーボ（根菜、根っこの感じが寄り添う）

P32 牡蠣の黒酢漬け × スパークリングワイン（黒酢漬けの牡蠣とさっぱりした泡が同調する）

4 テクスチャー

「テクスチャーとは、ちょっとわかりにくいですが、質感や舌ざわりを表現する言葉です」と大祐さん。例えば“クリーミーなテクスチャーを持つ”“クリスピーなテクスチャーがある”という言い方をします。

「具体的なペアリングとしては、サクサクとしたクリスピーな食感を持つ料理には、口の中で細かな泡が弾けるスパークリングワインを合わせる――などです。料理とワインのテクスチャーと合わせるのもペアリングのコツです。そういう意味では、3の同調のバリエーションと思ってもいいかもしれません」と大祐さんは言います。

本書の例

P62 焼きカマンベール × シャルドネ（とろーり×ふくよかさ）

P81 鶏モツレバーペースト × ネッビオーロ（ねっとり×重厚さ）

ワインの探求は パスポートのいらない 世界旅行

小田島 大祐

1973年生まれ。大学卒業と同時に「小田島」入社。2002年イタリア、2003年フランスで、それぞれ1年間ワイナリーで研修。一般社団法人日本ソムリエ協会認定ソムリエ。

味わいをじっくり観察すると好みの一本が見つかる

25歳で渡仏し、舌の肥えたパリジャン・パリジェンヌが「和食とワイン」を楽しむ姿を目の当たりにしたムッシュ。1973年から毎年、フランスのボルドーを中心に、ワイナリーめぐりに訪れています。

一方、大祐さんは29歳でイタリアのプーリア州へ、30歳でフランスのブルゴーニュ地方へワイン研修に出かけています。

そんな小田島親子のワインの捉え方は独特の感性があります。食事とワインのペアリングのコツに引き続き、ワイン選びがもっと楽しくなる方法を語ります。

ムッシュは「日本の料理は、世界中の料理のエッセンスをとり入れて、独自に発展してきました。それが和食のいいところなのだと思います」と言います。

「割烹小田島ではステーキも出すし、茶碗蒸しも作ります。そして、それに合うワインを選びます。ワインには和食のダシと同じ〝旨味〟があります。また、五感だけでなく〝第六感〟というべき感覚で飲めるお酒です。ですから、家庭でもあまり考えすぎずに、手に入る食材でぱっと作った料理でワインを楽しんでほしいのです」

でも、ワインは知識や保存方法が難しそうで……と尻ごみする人も多いはずです。値段も高いワインじゃないとおいしくないのかな、と思ってしまいます。そんな疑問をムッシュにぶつけてみると、こう答えてくれました。

「今は多くの造り手が努力してい

バックヤードや店内のセラー、棚の上にまで、常時400種以上のワインが並ぶ

るので、1000円前後でもびっくりするくらいおいしいワインがたくさんあります。保存についても難しく考えなくても大丈夫。ボトルに残ったワインは、そのまま冷蔵庫に入れて、次の日にも飲めばいい。真空にする必要もありません。うちの店でも飲みかけのワインは真空で保存していません。時間が経てば経つほどにワインはおいしくなっていくのですから。大切なのは知識ではなく、成長する植物の芽を観察するように、ワインの味わいをじっくりと〝観察〟することです。そうすれば、必ず好みの味や料理と合うワインが見つかります」

ムッシュが書いたパリや日本の風景画が店のランチョンマットに。店内には、1970年に描いたセーヌ川にかかる橋「ポン・ヌフ」のスケッチも

いつも同じじゃもったいない 地域独自の品種にもトライ

割烹小田島で扱うワインは常時400種類以上。そのすべてを管理している大祐さんは「店では、あらゆる地域のワインを揃えて〝パスポートなしで世界旅行をする〟と言っています。できるだけ飲むワインの幅を広げることが大切です」と話します。

確かに、ワインラバーであれば、たくさんの種類のワインを飲んでみたい！　という思いはあると思います。しかし、ワインの知識に自信がないと、つい、いつも同じ品種や同じ国のワインを選びがちです。どうしたら、良いのでしょうか。

「品種が同じでも国が変われば味わいも変化するので、同じ品種で国・地域を違えて飲み比べして、好みの味を探すのもいいかもしれません。また、その国固有の土着品種は、特徴のある味わいで好みに合うかもしれません。国際品種ではない土着品種のほうがワインとしての値段が安いことも多いので、値段に関係なくトライしてみて下さい」と大祐さん。ムッシュと大祐さんは、口をそろえてこう言います。

「今は、生産者と消費者との距離がとても近くなっています。農薬を極力使わないでブドウを育てるなど、ナチュラルなスタイルのワインも増えてきました。これからどんどんワインが面白い時代になってくると思います」

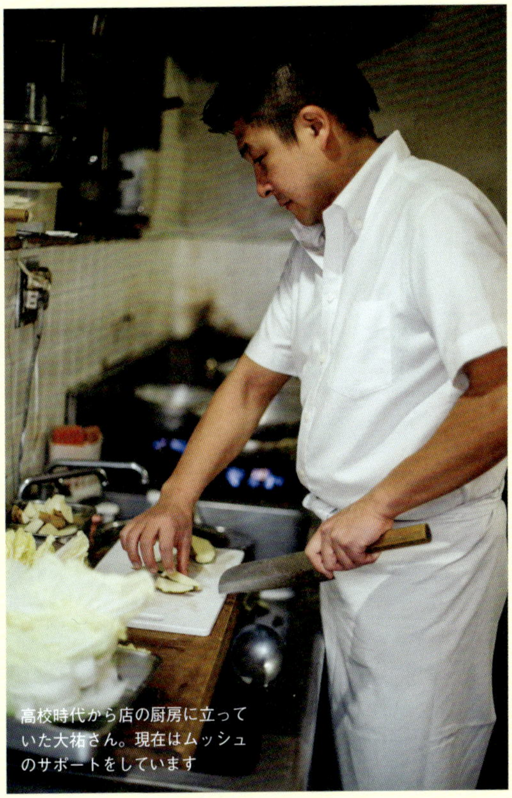

高校時代から店の厨房に立っていた大祐さん。現在はムッシュのサポートをしています

割烹 小田島

03-3401-3345
東京都港区六本木7-18-24
鈴木ビル1F
営業時間：18〜22時 L.O.
（金曜はバータイムあり）
定休日：日曜・祝日、
第2・4土曜

ささっとすぐできるつまみ

思い立ったらすぐに作れて、おいしい。
そんな、ささっと作れるおつまみレシピを集めました。
調味料を変えるだけで、相性のいいワインが変わったり、
ちょっとした工夫で、ワインにぴったりの料理になったり。
ワインとのペアリングも楽しめます。

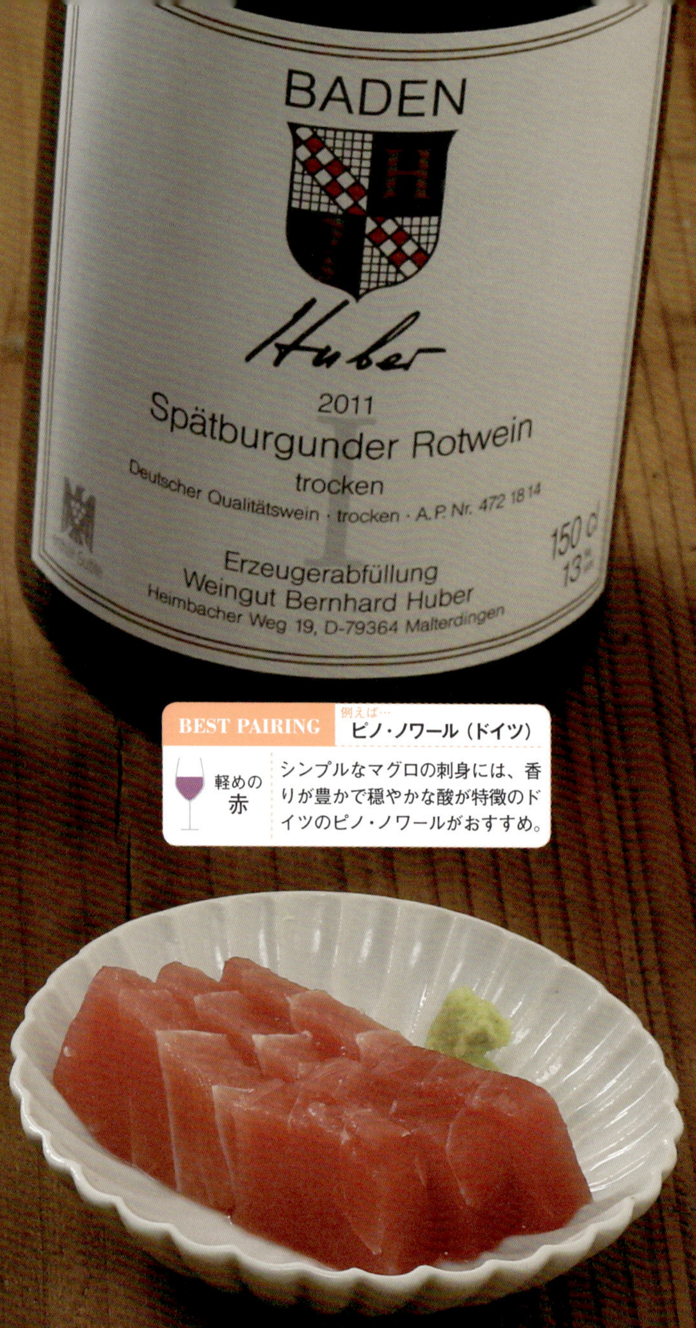

BEST PAIRING 例えば…ピノ・ノワール（ドイツ）

軽めの赤

シンプルなマグロの刺身には、香りが豊かで穏やかな酸が特徴のドイツのピノ・ノワールがおすすめ。

マグロの刺身

63kcal

材料［4人分］

マグロ（中トロ）…1さく
わさび…少々

作り方

❶マグロを切って器に盛り、わさびを添える。

調理法で産地と品種が変わる

BEST PAIRING 例えば…
バルベーラ

軽めの赤

イタリアの土着品種バルベーラの酸味と土っぽさが、山芋の味わいとマッチする。

BEST PAIRING 例えば…
ピノ・ノワール（オレゴン州）

軽めの赤

アメリカ・オレゴン州のピノ・ノワールは、軽やかな酸と深みある味わいで、ぬたと合う。

マグロと山芋切り

83kcal

材料［4人分］

マグロ（中トロ）…1さく
山芋…2cm幅を1つ
醤油…少々
わさび…少々

作り方

❶山芋は拍子木に切り、水にさらしてザルに上げておく。

❷マグロはぶつ切りにし、わさび醤油をからめる。

❸器に盛って、①の山芋を乗せる。あれば、もみ海苔をふりかけてもOK！

マグロのぬた

97kcal

材料［4人分］

マグロ（中トロ）…1さく
味噌…大さじ2
砂糖…大さじ2
酢…小さじ1
ワケギ…2本
炒り胡麻…少々
【酢味噌（ぬた）】
みそ：砂糖＝1：1
酢…少々

作り方

❶マグロは食べやすい大きさにぶつ切りにする。

❷ワケギは茹でて水にさらしてから、適当な大きさに切る。

❸②③をボウルに入れ、酢味噌で和える。盛り付けてから炒り胡麻をふりかける。

おつまみにも、デザートにもシラス！

シラスたくあん

35kcal

材料［2人分］

柔らかいシラス…50g
スライスたくあん（甘口）…20切れくらい

作り方

❶スライスたくあんは、幅1cmくらいに刻む。

❷シラスと①をボウルに入れてよく混ぜる。

BEST PAIRING 例えば… **ミュスカデ**

軽めの白

たくあんのほのかな甘みと、シラスの塩味にフレッシュなミュスカデを。

シラスとワカメの三杯酢

40kcal

材料［2人分］

シラス…50g
乾燥ワカメ…少々
ポン酢（市販）…少々
白胡麻…少々
砂糖…少々

作り方

❶ワカメは温水で戻して、食べやすい大きさに切る。

❷シラスと①をボウルに入れ、ポン酢と砂糖で味つけする。

❸器に盛り付けて白胡麻をふりかける。

BEST PAIRING 例えば… **（南仏の）グルナッシュ・ロゼ**

ロゼ

ワカメのヨード感と酸味が、しっかりとした酸、ボディが豊かなロゼとマッチ。

シラス甘納豆

51kcal

材料［2人分］

シラス…50g
小粒甘納豆…約30g

作り方

❶ボウルにシラスと甘納豆を入れて、手でほぐして混ぜる。

BEST PAIRING 例えば… **ポートワイン**

重めの赤（甘め）

甘さと塩味のバランスが良いので、甘口ポートワインがデザートのワインとしてぴったり。

From ムッシュ

食後のデザートで出すと大受けです！

熱湯で1分！パリパリもやし3変化

BEST PAIRING　例えば…　ソーヴィニヨン・ブラン

軽めの白　パリパリの食感を活かしたもやしは、さっぱりとした味わいの白ワインで。

BEST PAIRING　例えば…　ゲヴュルツトラミネール

軽めの白　塩胡椒で味つけしたシンプルなもやしに、華やかな香りのワインをプラス！

BEST PAIRING　例えば…　ガメイ

軽めの赤　醤油で味付けしたもやしには、軽めの赤が相性良し。

パリパリもやし

12kcal

材料［4人分］

もやし…1袋
醤油…少々
絹さや…4〜10枚
レモン…2切れ

作り方

❶熱湯を沸かしてもやしを1分茹でて、冷水にて冷やし水切りする。

❷ボウルにもやしを入れ醤油で味付けし、器に盛り付けし茹でた絹さやを散らす。好みによりレモンを添える。

もやし簡単ナムル

28kcal

材料［4人分］

もやし…1袋
白胡麻…少々
【調味液】
醤油…少々
胡麻油…少々
砂糖…少々
塩…少々

作り方

❶熱湯にてもやしを1分茹でて冷水にさらし水切りする。

❷ボウルにもやしを入れて調味液を好みの味に整えて盛り付けて白胡麻パラリ。

もやしネギ塩炒め

19kcal

材料［4人分］

もやし…1袋
長ネギ…少々
塩…少々
サラダ油…少々

作り方

❶フライパンにサラダ油を入れ温める。

❷長ネギは長さ3cmの短冊に切り①の中に入れ、炒めてからもやしを混ぜて強火にてもやし炒めにする。好みの味加減の塩をパラリと振る。ネギの風味ともやしの食感が素晴らしい。

トマトにプラスワンで、
ワインのつまみに変身

BEST PAIRING
例えば…
マスカットベリー A
軽めの
赤
日本で生まれた品種「マスカットベリー A」のジューシーな味わいが、焼いたミニトマトとマッチ。

BEST PAIRING
例えば…
ピノ・ノワール
軽めの
赤
粉チーズのコクが、ピノ・ノワールの深みのある味わいと合う。

ミニトマトと卵のスクランブル

132kcal

材料［2人分］

ミニトマト…10～15個
卵…2個
塩…少々
胡椒…少々
サラダ油…少々

作り方

1. ミニトマトはヘタを取り除き、天辺に十文字に切れ込みをつける。
2. フライパンに油をひいて①を炒める。トマトがしんなりしたら、卵を割り入れてすぐに混ぜ、スクランブルエッグにする。
3. 塩、胡椒で味をつける。

皮むきトマト粉チーズがけ

22kcal

材料［2人分］

トマト（大）…1個
粉チーズ…少々
塩…少々

作り方

1. 冷したトマトの皮をむき細かく切る。
2. ボウルに①を入れ塩で味を加減する。
3. 器に盛り、粉チーズをたっぷりふりかける。

するめいかの塩辛

52kcal

材料［4人分］

するめいか…1杯
日本酒…少々
塩…たっぷり
ゆず皮…少々
だし昆布…少々

作り方

❶いかの腸は指先を深く入れ、ワタをこわさないように足ごとはずす。墨を取り除き、ワタだけ切り分けボウルに入れたっぷりの塩をまぶす。1時間くらいそのままにしておく。

❷いかの身は皮をむき、適当に細長く切り塩少々（小指の先ほどの量）で混ぜ合わせる。1時間くらいそのままにしておく。

❸1時間後、②のいかの身を、日本酒の中に約10分漬けこんでから、ワタは塩を洗い流しタテに切れ目を入れて裏ごしする。

❹両方を混ぜ合わせ、ハサミで切った昆布と千切りにしたゆず皮を混ぜ合わせて出来上がり。

BEST PAIRING 例えば… シャンパーニュ

泡

フレッシュな仕立ての塩辛と柚子の香りが、柑橘の香りを持つスパークリングワインと合う。

カブの塩もみ

9kcal

材料［2人分］

カブ（中）…2個
塩…少々
すだち又はゆず皮

作り方

❶カブは皮ごとひと口大のくし切りにする。

❷ボウルに入れ、薄く塩をふり手でもみ込んで20～30分おく。

❸塩分がしみたら水でさっと洗う。お好みですだちをしぼるか、刻みゆず皮をのせ器に盛り付ける。

BEST PAIRING 例えば… リースリング（ドイツ）

軽めの白

ドイツのリースリングのほんのりとした甘みが、カブの甘みとマッチ。

刻みキャベツあっさりサラダ

27kcal

材料［4人分］

キャベツ…1/4個
ミニトマト…5個
塩…少々
オリーブオイル…少々

作り方

❶キャベツは刻んで冷水にさらし、水を切る。トマトは皮付きのまま1/4に切る。

❷ボウルにキャベツを入れひと塩してなじませ、さらにオリーブオイルをからめる。

❸器に盛り付けたらトマトとさっくり混ぜ合わせ、さらりとひと塩する。

BEST PAIRING 例えば… リースリング

軽めの白

シンプルなキャベツの甘みや、ミニトマトの旨味がリースリングとよく合う。

ネギも調味料を変えて
白ワインでも、赤ワインでも

BEST PAIRING 例えば… サンジョベーゼ

重めの赤

サンジョヴェーゼの生命力にあふれた根菜のようなニュアンスが、ワケギ、甘味噌と相性抜群。

BEST PAIRING 例えば… ヴェルメンティーノ

重めの白

「ヴェルメンティーノ」のふくよかな味わいが、バターの絡んだネギとよく合う。

茹でワケギ甘味噌和え

30kcal

材料［4人分］

ワケギ…1束
味噌…少々
砂糖…少々
（味噌と同量）

作り方

❶ワケギは長さ4～5cmに切り、熱湯で3～4分茹でてから冷水にとり水気をしぼる。

❷ボウルに味噌と砂糖を混ぜておき、①のワケギを入れる。ワケギの水分で程よく混ざる。

ネギのバター塩炒め

69kcal

材料［4人分］

長ネギ…2本
バター…少々
塩…少々
サラダ油…少々

作り方

❶長ネギは斜めに薄く切る。フライパンにオイルをひき、中火で炒める。

❷しんなりとしたらバターで香りをつけて、塩で味を整える。

BEST PAIRING 例えば… ピノ・ノワール（アルザス）
軽めの赤
冷涼なフランス・アルザス地方のピノ・ノワールの甘みや青っぽさが、針ネギや黄金味噌とマッチ。

BEST PAIRING 例えば… グリューナヴェルトリーナー
軽めの白
オーストリアのグリューナヴェルトリーナーのきりっとした味わいが、シンプルなネギとぴったり。

針ネギ味噌添え
12kcal

材料 [4人分]
長ネギ…1本
黄金味噌…少々
（黄金味噌のレシピはP71）

作り方
❶長ネギは3～4cmにぶつ切りにして、縦に切れ目を入れて広げ、針ネギを作り水にさらす。
❷①をよく水切りして器に盛り付け、黄金味噌を添える。

焼きネギポン酢かけ
18kcal

材料 [3～4人分]
長ネギ…1本
ポン酢…少々

作り方
❶長ネギは長さ5cmに切り、焼きアミにのせ、中火のガス火で焼く。
❷中まで焼けたら縦に切れ目を入れ、器に盛り付けポン酢をかける。

野菜のつまみ

お酒を飲む時は、
安心してたくさん食べられる料理がいい。
ヘルシーだけど、ワインがすすむ
そんな野菜のおつまみを紹介します。

BEST PAIRING 例えば…
ピノ・グリ

軽めの
白

マヨネーズを使ったサワードレッシングのふくよかさと、ピノ・グリのボリューム感がぴったり。

さわやかなドレッシングで

アスパラ サワードレッシング和え

50kcal

材料［3～4人分］

アスパラガス…10本
あれば、きゅうり、パプリカなど
好みの野菜
【サワードレッシング】
マヨネーズ…
サラダ油……
醤油…………
（以上3つ）同量
マスタード…少々
刻みにんにく…少々

作り方

❶アスパラガスは食べやすい長さに切り、茹でてから水にさらす。少し固めがよい。指で確かめよう。

❷サワードレッシングを作り、①を器に盛り付けて上からたっぷりかける。

アスパラは、
華やかな香りの白ワインで

BEST PAIRING 例えば…
ゲヴュルツトラミネール

軽めの
白

塩胡椒のシンプルな味つけに、ゲヴュルツトラミネールの華やかな香りをプラスする。

シンプルだからこそおいしい

アスパラの油炒め

45kcal

材料［3～4人分］

アスパラガス…10本
サラダ油…少々
塩…少々
胡椒…少々

作り方

1. アスパラガスの固い茎は捨てて、残った部分を食べやすい長さに切る。
2. フライパンにサラダオイルをひき中火で炒める。塩、胡椒で薄めに味を整える。

BEST PAIRING　例えば…　**カヴァ**

泡

スペインのスパークリングワイン・カヴァのすっきりとした酸味が、口の中をさっぱりとさせる。

じゃがバター

167kcal

材料［2人分］

じゃがいも（大）…2個
塩…少々
バター…少々

作り方

❶鍋にたっぷりの湯をわかし、皮ごと1/4に切ったじゃがいもを入れて茹でる。串をさして中まで柔らかくなったかを確かめる。

❷ザルに①をあけ、あら熱がとれたら手で皮をむいて器に盛り付け、塩をふりバターをのせる。

BEST PAIRING　例えば…　**シャルドネ**

重めの白

シャルドネのふくらみのある味わいと、チーズでコクを加えたジャガイモは相性抜群！

じゃがいものチーズ焼き

177kcal

材料［2人分］

じゃがいも（大）…2個
塩…少々
とろけるチーズ
（ナチュラルチーズ）
あれば、ピーマンなどの野菜

作り方

❶じゃがいもを茹でて皮をむき、ボウルで粗くつぶす。塩をふり、さらにチーズを加えてよく混ぜる（あれば、ほかの野菜も刻んで混ぜ入れる）。

❷アルミホイルで器を作り、①を入れてトースターで表面が軽く焦げるくらい焼く。

皮ごとレンコンの甘酢漬け

26kcal

材料［4人分］

レンコン…適量
【甘酢の割合】
酢1：砂糖1

作り方

❶レンコンは皮ごとスライスして4~5分茹でる。水にさらして冷やす。

❷甘酢を作り①を30~40分漬け込む。冷蔵庫で1カ月以上保存可能。

BEST PAIRING 例えば… **ピノ・グリ**

軽めの **白**

爽やかな甘酢漬けの味わいに、ピノ・グリのボリューム感をたすことで、より満足感が得られる。

皮ごとレンコンのきんぴら風

82kcal

材料［2人分］

レンコン（小）…1節
絹さや…6枚
サラダ油…少々
醤油…少々
砂糖…少々
酒…少々

作り方

❶レンコンは皮ごとスライスする。絹さやはさっと塩ゆでする。

❷フライパンに油をひきレンコンを炒め、5~8分後に酒を少々入れる。砂糖、醤油の順に加えて味を整える。

❸器に盛り付け、絹さやをあしらう。

BEST PAIRING 例えば… **プリミティーボ**

重めの **赤**

イタリア南部のプリミティーボの豊かな果実味が、皮つきで炒めたレンコンの味わいに寄り添う。

BEST PAIRING　例えば…
アルバリーニョ

軽めの
白

スペインのアルバリーニョは、魚介類には最高のワイン。

淡白なレタスの味わいがぐっと深く

カニとレタスのあんかけ煮

60kcal

材料［2人分］

レタス…1/4玉
カニ缶（大）…1個
醤油…少々
砂糖…少々
水溶き片栗粉…少々

作り方

❶鍋にカニ缶を入れ、ざく切りにしたレタスを加えて火にかける。

❷レタスが半分ぐらいしんなりしたら、砂糖、醤油の順に入れる。沸騰したら一度火をとめて、水溶き片栗粉を加える。

❸再び中火にかけてかき混ぜて、とろりとしたら出来上がり。

BEST PAIRING 例えば… **ピノ・グリ**

軽めの 白

ベーコンから強い味が出るので、ふくよかな香りと味のピノ・グリと相性がよい。

BEST PAIRING 例えば… **ヴィオニエ**

重めの 白

鯛とレタスの淡白な味わいに胡麻油がマッチ。ワインも香り高く、スパイシーなものを。

手早く本格スープができる！

ベーコンレタススープ

46kcal

材料［2人分］

レタス…1/2玉
スライスベーコン…数枚
胡椒…少々

作り方

❶レタスはざく切りにしておく。ベーコンは長さ3cmくらいに切る。

❷鍋に水を入れ、①を入れて中火にかける。

❸味をみながら、濃いようであれば水を加える。スープ皿に移し、好みで胡椒をふる。

よく冷やして、シャキシャキの食感で

鯛とレタスの和風サラダ

88kcal

材料［4人分］

レタス…1/2玉
鯛（刺身用）…1さく
白胡麻…少々
塩…少々
酢…少々
胡麻油…少々
醤油…少々

作り方

❶鯛は片面にだけ軽く塩をふり、ひと口大に切って酢で塩を洗い流しておく。

❷レタスはざく切りにして水洗いし、ザルにとり冷やしておく。

❸器に①と②を混ぜ合せて盛り付けたら、醤油、胡麻油の順にかけまわし、仕上げに白胡麻をパラリとふる。

BEST PAIRING
例えば…
グルナッシュ
重めの
赤
もったりとした味わいが、穏やかな酸味と控えめなタンニンのグルナッシュとぴったり。
BEST PAIRING
例えば…
カベルネ・フラン
軽めの
赤
酸が強く、フレッシュな味わいのカベルネ・フランが、かぼちゃの金時風の甘みとさわやかにマッチ。

もったりとした舌ざわりのハーモニー

かぼちゃとアボカドのミックス

115kcal

材料［4人分］

かぼちゃ…1/4個（約300g）
アボカド…1個
クリームチーズ…適量
＊キリーの
クリームチーズならば6個

作り方

❶かぼちゃは種をとり皮ごと適当な大きさに切り、柔らかく茹でる。

❷アボカドは熟したものを選び、半分に切って種をとり、中身をスプーンですくう。

❸ボウルで①、②を混ぜ、さらにクリームチーズを加えて手でよく練る。

❹器にドーム型になるように盛り付ける。

甘さと塩気が絶妙！

かぼちゃの金時風

58kcal

材料［4人分］

かぼちゃ…1/4個
（約300g）
砂糖…少々
塩…少々

作り方

❶かぼちゃは種をとり皮ごと適当な大きさに切り、柔らかく茹でる。

❷冷めたら手でほぐし、ボウルに入れて砂糖、塩とともに練る。

カブとベーコンのスープ

45kcal

材料［2人分］

カブ（大）…1個
スライスベーコン…数枚
胡椒…少々

作り方

❶カブは皮をむき、くし形に切る。ベーコンは長さ3cmくらいに切る。
❷鍋に水を入れ、①を入れて中火にかける。
❸カブが煮えたらスープ皿に移し、好みで胡椒をふる。好みで絹さやなど、緑の野菜を加えてもよい。

From ムッシュ

ベーコンレタススープ（P25）のアレンジバージョンです。ベーコンからびっくりするほど、おいしいダシがでますよ。

BEST PAIRING　例えば…　ピノ・ノワール

軽めの赤

調味料を変えたカブ料理。それぞれ、タンニン、香り、酸、味わいの中庸なピノ・ノワールにぴったり。

カブの金山寺味噌和え

21kcal

材料［2人分］

カブ（大）…1個
金山寺味噌（市販）…適量
みりん…少々

作り方

❶カブは皮をむき、拍子木に切る。
❷ボウルに金山寺味噌を入れ、みりんで好みのやわらかさにのばす。
❸①をさらっと混ぜて約30分漬ける。カブに味噌をからめるように盛り付ける。

カブの醤油漬け

15kcal

材料［2人分］

カブ（大）…1個
【漬け地の割合】
醤油1：水1
だし昆布…少々

作り方

❶漬け地と昆布を合わせておく。
❷カブは皮をむいて、くし型に切る。
❸①に1時間以上漬け込む。

BEST PAIRING 例えば…
サンジョベーゼ

重めの
赤

サンジョベーゼで造る「キャンティ」の力強い味わいが、あらゆるキノコにマッチする。

たくさんの種類だと、よりおいしい

炒めキノコ祭り

70kcal

材料［2人分］

あらゆるキノコ…たっぷり
（生椎茸、えのき、
エリンギ、舞茸、
きくらげ、しめじ茸 etc.）
醤油…少々
バター…少々

作り方

❶キノコは適当な大きさに切っておく。

❷フライパンに油をひき、キノコを中火で炒める。最後にさっと醤油をまわしかけ、さらにバターを加えてゆっくりと混ぜる。

❸大皿にたっぷりと盛り付ける。

旨みたっぷりでワインがすすむ

焼きキノコのチーズがけ

76kcal

材料［2人分］

生しいたけ（大）…4個
とろけるチーズ…2枚
醤油…少々

作り方

❶生しいたけは軸をとり、フライパンで焼いて、最後に醤油をたらす。

❷アルミホイルの器に入れて、上にとろけるチーズをのせる。

❸トースターでチーズに焦げ目がつく程度に焼き上げる。

BEST PAIRING 例えば…
サバニャン

重めの
白

旨みたっぷりなチーズとキノコに、旨みの強いサバニャンがベストマッチ。

BEST PAIRING　例えば…　**メルロー**

重めの赤

キノコや野菜から出る甘みが、果実味豊かなメルローと合う。

すいすいといくらでも食べられる

キノコ鍋

241kcal

材料［2人分］

キノコ（手に入るもの）…適量
野菜（手に入るもの）…適量
鶏もも肉…1枚
塩…少々

作り方

❶鶏もも肉はひと口大に切り、たっぷりと水を張った鍋に入れ中火で火にかける。

❷キノコ、野菜を①に入れる。控えめに塩を入れて、ゆっくりゆっくり中火で煮込む。

❸好みの薬味を用意して召し上がれ。

魚介のつまみ

おつまみというより、メインディッシュにもしたい。
でも、ヘルシーで季節感も感じられる。
魚介は、そんな〝お役立ち素材〟。
和食の料理人・ムッシュならではの
知恵と工夫の詰まったレシピを家庭で再現。

とろーりチーズがマグロに絡む！

マグロとカマンベールのあら煮

150kcal

材料［2人分］

マグロ（ぶつ切り）…10切れくらい
カマンベールチーズ…1個
【煮汁の割合】
水8：醤油1：砂糖1

作り方

❶煮汁にマグロを入れてゆっくり煮る。

❷マグロに火が通ったら、8等分に切り分けたカマンベールを入れて柔らかくなるまで中火で煮る。チーズがゆるりと溶けたら出来上がり。

BEST PAIRING 例えば…カベルネ・ソーヴィニヨン

重めの赤

マグロの鉄分とチーズのクリーミーさが、しなやかでタンニンが豊かなカベルネ・ソーヴィニヨンと合う。

漬けマグロとにんにくの絶品ハーモニー

マグロの醤油漬け　にんにく風味

70kcal

材料［4人分］

マグロ…1さく（約10切れもあればよい）
スライスにんにく…10枚
【漬け汁の割合】
水6：醤油1

作り方

❶マグロ10切れを漬け汁に約1時間漬け込む。

❷①を器に並べてのせて、ひと切れに1枚スライスにんにくをのせて盛り付ける。

BEST PAIRING 例えば…ゲヴュルツトラミネール

軽めの白

華やかなゲヴュルツトラミネールが、にんにくのスパイシーさをより味わい深くする。

GEWURZTRAMINER

BEST PAIRING　例えば…　**スパークリング**

泡　すっきりとしたスパークリングワインが、黒酢のコクと牡蠣の旨みに合う。

コクのある牡蠣をスパークリングワインですっきりと

牡蠣の黒酢漬け

58kcal

材料［2人分］

牡蠣（生食用）…10個くらい
和風だしの素…少々
生姜スライス…少々
黒酢…少々
砂糖…少々
【調味だしの割合】
醤油8：水1

作り方

❶牡蠣をさっと熱湯にくぐらせ霜降りにする。

❷だしを作り、全体の1割程度の黒酢を加える。好みでさらに砂糖を入れても（全体の約5%程度）。

❸鍋に①、②を入れて、生姜のスライスを加え、弱～中火で約10分煮る。

BEST PAIRING 例えば…
シャルドネ

重めの
白

調理によって牡蠣がよりクリーミーに、かつコクも出る。樽をきかせたシャルドネとぴったり。

クリーミーな和風の味わい

牡蠣としめじの和風パスタ

185kcal

材料［2人分］

牡蠣…10個
しめじ…1袋
稲庭うどん…適量
塩…少々
オリーブオイル…少々

作り方

❶牡蠣はよく水洗いする。

❷しめじはさっと茹でる。この湯を捨てずに、手で折った稲庭うどんを固めに茹でる。

❸フライパンにオイルを入れ牡蠣を炒め、塩で下味をつけ、②を加えて和風パスタを作る。好みですだちのしぼり汁や白胡麻をかける。

BEST PAIRING　例えば…　**メルロー**

重めの赤

メルローの程よい甘みとスパイシーさが、甘辛い照り焼きのたれや粉山椒とよく合う。

ピリッとした粉山椒がポイント

ブリの照り焼き

329kcal

材料［2人分］

ブリ切身…2切れ
粉山椒…少々
【照り焼きのたれの割合】
醤油1：酒1：みりん1：砂糖1

作り方

❶鍋に照り焼きのたれの調味液を入れ、中火で10分ほど煮詰める。

❷ブリをフライパンで両面焼く。焼き上がったら①のたれを入れて、弱火で両面をキツネ色のつやが出るように焼く。

❸器に盛り付け、粉山椒を添える。

BEST PAIRING　例えば…　ヴィオニエ

軽めの白

アロマティックな味わいのヴィオニエは、マヨネーズを使ったコクのある料理とぴったり。

マヨネーズに香り高い白ワインがマッチ

鮭のマヨドレ和え

108kcal

材料［4人分］

鮭切身…2切れ
マヨネーズ…適量
酢…少々
塩…少々
胡椒…少々

作り方

❶鮭切身はフライパンで両面を焼いてから、身をほぐして冷やす。

❷マヨネーズを酢で伸ばし、塩、胡椒を加えて味を整える。

❸①に②を合わせて器に移す。

BEST PAIRING

例えば…
アルバリーニョ(ヴィーニョヴェルデ)

重めの
白

ポルトガル語で「緑のワイン」を意味するワイン。若々しく爽やかな飲み心地が、ポン酢と相性抜群。

さっぱりとポン酢で食べる冬のごちそう

タラチリ鍋

180kcal

材料［2人分］

タラ切身…2切れ
豆腐…1/2丁
わかめ…適量
刻みネギ…少々
ポン酢…少々

作り方

❶小さめの土鍋に水を入れ、すべての材料を一緒に入れて中火でゆっくりと煮る。タラが煮えたら出来上がり。

❷ポン酢に刻みネギを入れたたれにつけて召し上がれ。好みで柚子の皮を散らしてもよい。

BEST PAIRING　例えば…
ロゼダンジュ
ロゼ　フランスのロワール地方のロゼダンジュの優しい甘みが、塩タラコの甘しょっぱさに寄り添う。

美しい桃色が目にも嬉しい一品

タラの親子和え

63kcal

材料［4人分］

タラ切身…2切れ
塩タラコ…1腹

作り方

❶タラ2切れはフライパンで両面を焼き、ボウルにほぐしておく。

❷塩タラコも焦がさないように焼き（電子レンジでも可）、細かくほぐし冷ます。

❸①に②を混ぜ合せて、器に盛る。

漬け物の塩味でタラが変身

タラの白ワイン風味

80kcal

材料［2人分］

タラ切身…2切れ
野沢菜漬け（茎の部分）…大さじ2くらい
白ワイン…少々

作り方

❶タラをフライパンで両面焼く。味はつけずに、最後に白ワインをふりかけて仕上げる。

❷器に①を盛り付けたら、野沢菜漬けの茎を刻んでタラにのせる。

BEST PAIRING 例えば…
ソーヴィニヨン・ブラン

軽めの白

ソーヴィニヨンブランの爽やかなハーブの香りは、野沢菜の茎と相性抜群。

From ムッシュ

野沢菜漬けの塩分は、ワインがすすむ魔法の調味料！
（詳細はP85）

BEST PAIRING
例えば…
ピノ・ノワール（カリフォルニア）

軽めの赤

少し糖度を感じるカリフォルニアのピノ・ノワールが、もろみ味噌やみりんの甘みとよく合う。

甘くて上品な鯛でワインがすすむ！

鯛のもろみ味噌和え

61kcal

材料［4人分］

鯛（刺し身用）…1さく
もろみ味噌…少々
みりん…少々

作り方

❶もろみ味噌1に対して、みりんを1/2の割合で混ぜ、たれ状にしておく。

❷鯛はそぎ切りにして①のたれをもみ込む。約20～30分置き、器に盛り付ける。

BEST PAIRING 例えば… **ヴィオニエ**

軽めの**白**

かぶら蒸しの淡白ながら旨みのある味わいに、ヴィオニエで華やかさを加える。

切身でダシ、簡単なのに本格派

鯛のかぶら蒸し

63kcal

材料［4人分］

鯛切身…2切れ
カブ（中くらい）…1つ
塩…少々
醤油…少々

作り方

❶カブは皮をむきゆでる。鍋から上げて、ひと口大に切る。

❷①のゆで汁にぶつ切りにした鯛を入れ、中火で煮て鯛のダシをとる。

❸10〜15分くらい煮てから、塩、醤油で味を整え、カブを戻す。あれば、すだちを絞っても。

BEST PAIRING 例えば… **ミュスカデ**

軽めの白

ミュスカデの醸造法「シュール・リー」による日本酒のような香りが、若狭地の香りとマッチ。

日本酒が香りたつ伝統の味わい

鯛の若狭焼き

120kcal

材料［2人分］

鯛切身…2切れ
【若狭地の割合】
日本酒3：薄口醤油1

作り方

❶鯛をフライパンで両面をしっかり焼く。

❷若狭地を2〜3回に分けてかけ、香りをつける。

From ムッシュ

江戸時代、京都の若狭湾の鯛を江戸まで運ぶ際、ひと塩した鯛を笹で包みました。何日もかけて運ぶうちに、発酵した香りがたちました。その香りを若狭地で再現しました。まさに江戸の香りですね。

BEST PAIRING

例えば…
ソーヴィニヨン・ブラン

軽めの
白

鯛の旨みに合わせて、ボリューム感のある仏・ロワール地方の「プイィ・フュメ」がおすすめ。

シャキシャキもりもり食べたい！

鯛の刺身　涼味サラダ

60kcal

材料［4人分］

鯛（刺身用）…1さく
レタス…適量
（あれば、他にもサラダ用に好みの野菜を用意する）
炒り胡麻…少々
塩…少々
酢…少々

作り方

❶鯛は薄く塩をふり、20分後に酢で洗ってしばらく冷蔵庫に置く。

❷レタスは食べやすい大きさにを切り分け、水にさらした後ザルに上げておく。

❸②を器に盛り①の鯛をスライスしてサラダの上に盛り付ける。好みのドレッシングをかけて、最後に炒り胡麻をふりかける。

BEST PAIRING 例えば… **シラー**

重めの赤

果実味とスパイス感のあるシラーは、脂ののったサバや甘辛い味噌と相性良し。

甘辛い味噌煮は、果実味あふれるワインと

サバのみそ煮

113kcal

材料［2人分］

サバ…1切れ
針生姜…適量
塩…少々
【調味液の割合】
水6：醤油1：砂糖1
【甘味噌の割合】
味噌1：砂糖0.5

作り方

❶サバは塩をふっておく。

❷調味液を鍋で沸かし、沸騰したら①を入れて中火で10分煮る。

❸いったん火を止めて、甘味噌を煮汁で溶いて加える。再び2～3分煮て出来上がり。器に盛って針生姜をのせる。

漬ければ漬けるほどにおいしい

イワシの甘酢漬け

120kcal

BEST PAIRING 例えば… **トレッビアーノ**

重めの**白**

トレッビアーノの厚みのある果実味とアルコールのボリューム感がよく合う。

材料［4人分］

イワシ（中くらい）…4尾
塩…少々
【甘酢】
酢…1カップ
砂糖…大さじ4

作り方

❶イワシは、3枚に卸す（卸したものも売っています）。

❷イワシの両面に薄く塩をふり、約15～20分おく。

❸甘酢を用意して、②のイワシを4～5時間漬け込む。皮をつけたまま切り分け、盛り付ける。2～3日漬けこんだら、骨まで柔らかくなりおいしい。

梅煮の果実味がワインとマッチング

イワシの梅煮

126kcal

材料［4人分］

イワシ…2～4尾
【梅煮のダシ割合】
水…2カップ
梅干…2個
砂糖…大さじ4
醤油…1/4カップ

作り方

❶イワシは頭を落とし、腹わたを出して水できれいにかき出す。一口大にぶつ切りにする。

❷梅煮のダシにぶつ切りを入れて中火で約1～2時間程ゆっくり煮る。

BEST PAIRING 例えば… **ガメイ**

軽めの**赤**

フレッシュな果実味とイチゴジャムのような凝縮した香りが、梅煮のフルーツ香とよく合う。

BEST PAIRING　例えば…　ルーサンヌ

重めの白

ジューシーな果実味とわずかに感じるスパイスや苦みが、サンマの肝のほのかな苦みに寄り添う。

キャベツで巻いてよりヘルシーに

サンマのキャベツ巻き煮物

81kcal

材料［4人分］

サンマ…1尾
茹でたキャベツの葉…4枚
輪ゴム…3～4本
【煮汁の割合】
水10：醤油1：砂糖1

作り方

❶サンマは頭を落として腹をきれいに水洗いする。

❷茹でたキャベツに切り分けたサンマをのせ、ていねいにキャベツで巻き込む。

❸②を輪ゴムでとめて煮汁に入れ、ゆっくりと20～30分煮る。冷めたらゴムをはずし切り分ける。

BEST PAIRING

例えば…
プリミティーボ

重めの赤

ベリー系の凝縮感が甘辛い西京味噌にマッチする。タンニンが少なめなので、サワラとの相性も抜群。

漬け込んでおけば、あとは焼くだけ！

サワラの西京味噌漬け

209kcal

材料［2人分］

サワラ切身…2切れ
【西京味噌漬け地の割合】
白味噌…大さじ4
みりん…大さじ2

作り方

❶西京味噌の漬け地を、手でよく混ぜて準備する。

❷サワラの切身を①に3～4時間漬け込む。

❸切身の味噌をそぎ落としてから、フライパンに入れ、中火でゆっくりと両面を焼き上げる。

From ムッシュ

温かいうちはもちろん、冷めてもうまい！

BEST PAIRING

例えば…
ガメイ

軽めの
赤

甘草のような香りのあるガメイは、甘露煮などあっさりとした和食と合わせやすい黒ブドウ品種。

あっさりした甘露煮には軽めの赤ワイン

サワラの甘露煮

209kcal

材料［2人分］

サワラ切身…2切れ
【甘露煮汁の割合】
水10：醤油1：砂糖1
柚の皮…適量

作り方

❶切身がかぶる位の量の甘露煮汁を作り鍋に入れる。

❷切身をぶつ切りにして①に入れて中火で約30〜40分煮る。アクは捨てなくてもよい。あれば柚子の皮をのせるとおいしい。

BEST PAIRING　例えば…　**クレマン・ド・ジュラ**

泡　クレマン・ド・ジュラのいぶしたニュアンスと塩味が蛤にぴったり。

貝にはスパークリングワイン！

焼き蛤

23kcal

材料［2人分］

蛤（大）…4個
酒…少々
塩…少々
焼きアミを用意する

作り方

❶ガス台に焼きアミを用意し、塩をまぶした蛤をのせて中火で焼く。蛤が開いたら貝の身に酒をかけて沸騰したら出来上がり。熱いのでやけどに注意！

BEST PAIRING　例えば…
シャンパン・ブラン・ド・ノアール

泡　黒ブドウだけで造るシャンパンの力強い味わいが、蛤の旨みに奥行きを与える。

シャンパンで奥深いおいしさに

蛤の酒蒸し

39kcal

材料［2人分］

蛤（大）… 4個
【酒蒸し用の汁の割合】
水10：酒5

作り方

❶酒蒸し用の汁を鍋に用意する。ひたひた位の量がよい。

❷①に蛤を洗って入れ、ふた（アルミホイルでOK）をして中火で蒸し煮にする。

❸蛤が開いたら出来上がり。蛤の中に入っている海水の塩分がほどよい味付けになる。

BEST PAIRING 例えば…
アルバリーニョ

軽めの
白

海の香りを感じるアルバリーニョとタコがマッチ。

色彩豊かな海鮮サラダ

旬の野菜とタコのサラダ

87kcal

材料［4人分］

タコ（ぶつ切り）…1パック
きゅうり…1本
トマト（中）…適量
カブ（小）…適量
【ドレッシング割合】
オリーブオイル1：酢1：醤油1：
塩・胡椒…少々

作り方

❶きゅうりは斜め切りにする。トマトとカブは皮をむいて適当な大きさに切り、冷やしておく。

❷ドレッシングをよく混ぜる。

❸器にタコのぶつ切りと①の野菜を彩りよく配置して、ドレッシングをたっぷりかけて出来上がり。

たたきオクラの青みが爽やかさを添える

タコぶつオクラ添え

36kcal

材料［4人分］

タコ（ぶつ切り）…1パック
オクラ…1袋
塩…少々

作り方

❶オクラはヘタを切り落し、水を少しふって塩でもむ。

❷沸騰した湯で①を3～4分茹でる。流水にさらして冷ます。

❸皿にタコをのせ、②のオクラを縦半分に切って、タコに添える。

❹タコの上に控えめに塩をふりかける。

BEST PAIRING 例えば…
テンプラニーリョ

軽めの
赤

凝縮した果実味とほどよいタンニンが、イカわたの苦みや旨みを受けとめる。

味噌煮にしたイカわたでワインが進む！

イカのわた煮

78kcal

材料［4人分］

スルメイカ…1杯
生姜…少々
万能ネギ…少々
【煮汁の割合】
味噌1：砂糖1：水0.5

作り方

❶スルメイカはゲソを内臓ごとはずしてスミを取り除き、わたを使う。

❷身の部分は皮ごと小口に輪切りにする。水でよく洗っておく。

❸鍋に煮汁を用意し②を入れて中火にかけ、ぶつ切りにしたわたとスライスした生姜を加える。

❹イカに煮汁がからみ、火が通ったら出来上がり。器に盛り付け刻んだ万能ネギを散らす。

BEST PAIRING 例えば…
ソーヴィニヨン・ブラン

軽めの
白

ハーブの香りで爽やかな飲み心地のソーヴィニヨン・ブランは、きゅうりとも酢とも相性抜群。

三杯酢でさっぱりと 白ワインにぴったり

イカときゅうりの酢の物

82kcal

材料［4人分］

スルメイカ…1杯
きゅうり…1本
白胡麻…少々
【三杯酢の割合】
酢1：砂糖1：醤油0.5

作り方

❶スルメイカは身だけを使う。耳の部分は包丁で切り離し、輪切りにする。身は開いて皮をむき、4～5cm幅に切ってからさらに細切りにする。

❷鍋に湯を沸かし①をくぐらせ、軽く霜降りにしたら、水を張ったボウルに移す。

❸きゅうりは小口切りにし、水気を切った②と混ぜて器に盛り三杯酢をかける。白胡麻をふる。

食材そのものを味わう 定番小皿

刺身やたたき、なめろう、酢メ——。
食材そのものを味わう小皿料理も、ワインにぴったり。
簡単なのに驚くほどおいしくて、
ワインもすすむレシピを紹介します。

BEST PAIRING 例えば… ピノ・グリ

軽めの白

ピノ・グリの華やかな香りとまろやかな味わいが、脂ののったブリにぴったり。

刺身サーモン にんにく添え

91kcal

材料［4人分］

サーモン（刺身用）…10切れくらい
スライスにんにく…10枚
醤油…少々

作り方

❶器にサーモンを盛り付ける。醤油をうっすら全体に行き渡るようにかける。

❷①のサーモンにスライスしたにんにくを1枚ずつのせる。

BEST PAIRING 例えば… ゲヴュルツトラミネール

軽めの白

ライチのような華やかでエキゾチックな香りがにんにく、鮭とマッチする。

ブリの刺身 白菜おしんこ巻き

65kcal

材料［4人分］

ブリ刺身…適量
白菜漬け…適量

作り方

❶ブリは3cm幅くらいの細長いさくに切り、さっと湯にくぐらせて霜降りにする。

❷水分をよく切った白菜漬けを巻きすの上に広げる。

❸②に①のブリをのせてしっかりと巻く。全体がしまったら食べやすい大きさに切って器に盛り付ける。

BEST PAIRING 例えば…ブラウフレンキッシュ

軽めの赤

ブラウフレンキッシュのほのかな青味とミネラル、旨みのバランスがポン酢と相性良し。

イワシの刺身 おろしポン酢ダレ

117kcal

材料［4人分］

イワシ…4尾
刻み万能ネギ…少々
刻みにんにく…少々
塩…少々
酢…少々
【おろしポン酢の割合】
ポン酢10：しぼり大根おろし3：生姜おろし1

作り方

❶イワシは3枚に卸し、腹骨を取り除く。両面に塩をふり20分おく。

❷おろしポン酢を作っておく。

❸①をさっと酢で洗い、皮を手でむき、ひと口大に切り、器に盛り付ける。

❹③に②をかけ、刻んだ万能ネギとにんにくをあしらう。

サワラ焼きほぐしサラダ

116kcal

BEST PAIRING 例えば…
ソーヴィニヨン・ブラン

軽めの白

サワラとベジタブルのサラダがすっきり爽やかなソーヴィニヨン・ブランとマッチする。

材料［4人分］

サワラ切身…2切れ
ゆで卵…1個
きゅうり…適量
レタス…適量

作り方

❶サワラの切身は、両面に塩をふって、30分くらいおく。

❷きゅうりは小口切りに、レタスは手でちぎっておく。

❸①を焼く。あら熱がとれたらほぐして、きゅうり、レタス、ゆで卵と共に器に盛り付ける。

焼きイワシ地中海風

78kcal

材料［4人分］

イワシ…2尾
白胡麻…少々
オリーブオイル…適量

作り方

❶イワシは頭とわたをとり、両面に塩をふって、30分くらいおく。

❷①を焼く。あら熱がとれたら骨をとり、ほぐしてボウルに入れる。

❸器にざっくりと盛り付け、オリーブオイルをたっぷりかけて白胡麻をふる。あれば、トマトを混ぜてもおいしい。

BEST PAIRING 例えば…
シャルドネ（チリ）

重めの白

オリーブオイルの厚みのある味わいが、ふくよかな南米のシャルドネを包みこむ。

サバ缶ほぐし和え

60kcal

BEST PAIRING 例えば…
甲州

軽めの白

さっぱりとしたサバの水煮缶、きゅうり、みょうがの味わいが、甲州の酸味とフレッシュ感に合う。

材料［4人分］

サバの水煮缶…1缶
カブ…少々
きゅうり…少々
みょうが…少々
白胡麻…適量

作り方

❶サバの水煮缶は、水気を切ってボウルに入れる。

❷カブは拍子木切りに、きゅうりはスライス、みょうがは細切りにする。

❸①②を合わせて、サバを崩さないように静かに混ぜたら器に盛り付ける。仕上げに白胡麻をふる。

BEST PAIRING 例えば… ミュスカデ

軽めの白

香ばしいアジの塩焼きとレモンが、すっきりとしたミュスカデの味わいと合う。

あっさりアジの塩焼きほぐし

50kcal

材料［4人分］

アジ（中）…2尾
レモン…1個

作り方

❶アジは頭を切り、腹わたをとり除き、両面に塩をして20～30分おく。

❷①を焼く。あら熱がとれたら骨をとり、ほぐしてボウルに入れる。

鮭ほぐしトマト和え

85kcal

BEST PAIRING 例えば… ネレッロマスカレーゼ

重めの赤

トマトの酸味と鮭の旨みには、シチリア島のネレッロマスカレーゼから造る「エトナ・ロッソ」がおすすめ。

材料［4人分］

塩鮭切身…2切れ
トマト（大）…1個
きゅうり…1本

作り方

❶鮭の切身を焼く。あら熱がとれたら骨をとり、ほぐしてボウルに入れる。

❷きゅうりは小口切りにして水にさらし、ザルに上げる。

❸トマトは皮をむき、食べやすい大きさにスライスする。

❹①に②③を混ぜ合わせる。味つけは塩鮭の塩味で十分！

アジのなめろう

62kcal

材料［4人分］

アジ（大）…1尾
塩…少々
酢…少々
【なめろう味噌の割合】
味噌…大さじ1
刻みネギ…少々
おろし生姜…少々

作り方

❶アジは3枚に卸し、腹骨をこそげとる。これに塩をふり20分くらいおく。

❷なめろう味噌の材料をすべて混ぜておく。

❸①の皮を手でむき、細切りにしてボウルに入れる。②を混ぜ合わせ、手でもみ込んで出来上がり。

BEST PAIRING　例えば…　**トゥルソー**

軽めの**赤**

色がうすく、旨みがたっぷりで、穏やかなピノ・ノワールのようで、なめろうの旨みをひき上げる。

イワシのなめろう

90kcal

材料［4人分］

イワシ（大）…2尾
塩…少々
酢…少々
なめろう味噌…適量

作り方

❶イワシは頭とわたをとり除き、よく洗って手開きする。酢に10分ほど漬け込み、骨から身をはがし細かく切っておく。

❷①となめろう味噌を混ぜ合わせ、手でよくもみ込んで出来上がり。スライスしたにんにくを加えてもおいしい。

BEST PAIRING 例えば…
ピノ・ノワール

軽めの **赤**

醤油で食べるたたきと、ピノ・ノワールの相性は抜群！

イワシのたたき

83kcal

材料［4人分］

イワシ（刺身用・大）…2尾
塩…少々
酢…少々
【薬味】
刻み万能ネギ
刻みにんにく

作り方

❶イワシは手開きにして塩を両面にふる。20分位はそのままで。

❷①を酢で洗い、骨からはがし皮をむく。細く切りボウルに入れる。

❸②に薬味を混ぜて器に盛付け、醤油をつけて食べる。

アジのたたき

51kcal

材料［4人分］

アジ（刺身用・中）…2尾
塩…少々
酢…少々
【薬味】
刻み万能ネギ
刻みにんにく

作り方

❶アジは3枚に卸して、両面に塩をふる。20分くらい置いてから酢で洗う。

❷①の皮をむき、細く切ってボウルに入れ、薬味と混ぜ合わせる。醤油をつけて食べる。

ブリのたたき

97kcal

材料［4人分］

ブリ（刺身用）…2人前
【薬味】
刻み万能ネギ
刻みにんにく

作り方

❶ブリはひと口大に切って、ボウルに入れる。

❷薬味を加えて、手でもみ込んで出来上がり。醤油をつけて食べる。

BEST PAIRING 例えば… **ミュスカデ**

軽めの白

さっぱりとしたミュスカデの味わいが、酢〆の柑橘代わりになる。

BEST PAIRING 例えば… **シュナン・ブラン**

軽めの白

ほどよい酸味とミネラル、ボリュームのシュナン・ブランがアジの酢〆にマッチ。

BEST PAIRING 例えば… **サバニャン**

重めの白

サバの旨み、酢〆に、サバニャンの酸味、塩味、ミネラルが寄り添い、旨みが増す。

鯛の酢〆

71kcal

材料［3人分］

鯛切身（刺身用）…1さく
塩…少々
酢…少々
あれば、
すだちなどの柑橘類

作り方

❶鯛はさくのまま、両面に塩をふり、30分くらい置く。酢で洗っておく。

❷①を薄くスライスして器に盛り付ける。あれば、すだちをしぼる。

アジの酢〆

71kcal

材料［3人分］

アジ（刺身用・大）…1尾
塩…少々
酢…少々
あれば、
すだちなどの柑橘類

作り方

❶アジは3枚に卸し、腹骨をとってから両面に塩をふり20分位待つ。

❷①を酢に5分くらい漬け込み、皮をむいて切り分け器に盛る。好みですだちなどをしぼる。

〆サバ

94kcal

材料［3人分］

サバ（〆サバ用）…1尾
塩…たっぷり
酢…たっぷり
粒マスタード

作り方

❶サバは3枚に卸す。腹骨をすく。

❷塩をふったバットにサバを並べ、その上からまた塩をふる。肉厚の背の部分には多めの塩を丁寧にのせ、手でこすりつける。薄い腹の部分には少なめの塩をパラリとふる。1時間くらい置く。

❸②を水で洗って、塩を落とす。

❹バットにたっぷりの酢を入れ、③を40〜50分漬ける。平造りに切り器に盛り付けて、粒マスタードをのせる。

From ムッシュ

酢〆は、魚によって塩漬けと酢漬けの時間を変えるのがポイントです。

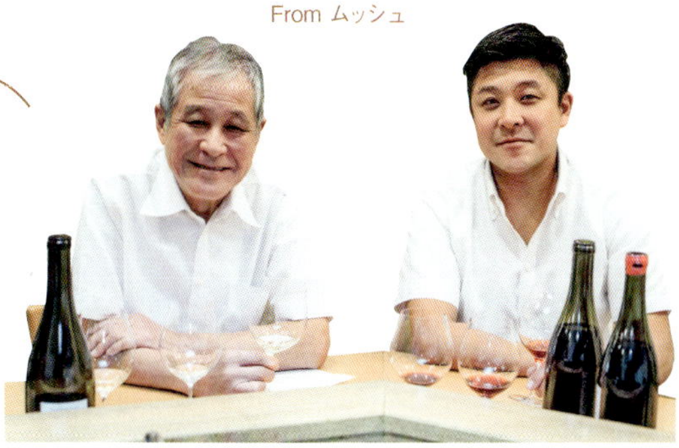

サバには、サバニャン！

チーズ、豆腐、こんにゃく にんにくのつまみ

冷蔵庫にあるチーズや豆腐、こんにゃくやにんにく。
あっという間に、素朴で飽きないおつまみに変身。
豆腐やこんにゃくは、きっちりと「和」の素材ですが、
こんなにもワインと合うんです。

外はカリっと、中はとろ〜り

焼きカマンベール

155kcal

材料［2人分］

カマンベールチーズ…1個

作り方

❶ガスの火を中火にする。焼きアミの上にカマンベールチーズをのせて、上下共にゆっくり焼き上げる。

❷キツネ色に焦げ目がつき、手で押して柔らかくなっていたら出来上がり。切り分けて召し上がれ。

BEST PAIRING　例えば…　シャルドネ

重めの白

焼くと香ばしくなり、より一層シャルドネのコクや香ばしさに合う。

チーズのレシピは、皮むきトマト粉チーズがけ（P16）、かぼちゃとアボカドのミックス（P26）、マグロとカマンベールのあら煮（P30）もご参照ください。

BEST PAIRING

例えば…
ランブルスコ

泡

新鮮な酸味ときめ細かい泡が、口の中をさっぱりとさせてくれる。

ワイン醤油でコクのある一品に

豆腐のステーキ

131kcal

材料［2人分］

木綿豆腐…1丁
醤油…少々
サラダ油…少々
赤ワイン…少々
生姜…適量
【ワイン醤油割合】
ワイン1：醤油1/2

作り方

❶フライパンを温め、サラダ油をひく。水切りした豆腐を入れて、ふたをして両面焼く。最後に、ワイン醤油をかけて火を強め、器に盛り付ける。

❷刻み生姜やおろし生姜をのせる。好みでアスパラガスの塩ゆでを添える。

BEST PAIRING 例えば… **甲州**

軽めの **白**

日本が世界に誇る白ブドウ・甲州のすっきりとした味わいが、豆腐の旨みに寄り添う。

日本のワインと合わせたいシンプル冷奴

胡麻風味の冷奴

51kcal

材料［4人分］

豆腐…1丁
生姜…少々
【たれ】
万能ネギ…4~5本
（長ネギでも可）
醤油1：酢1/4
胡麻油…数滴

作り方

❶豆腐は切って器に盛る。

❷たれを混ぜ合わせておく。生姜はおろすか細かく刻む。ネギはみじん切りにする。

❸①の上からたれをかけ、生姜をのせる。

フードプロセッサーで簡単白和え

とうふをじっくりと水切りして、すり鉢であたって……と、
ちょっと手間がかかるイメージの白和え。
割烹小田島の定番メニューの一つでもありますが、
実は、フードプロセッサーで、とっても簡単につくれます。
「ちょっと〝ゆるい〟くらいが、おいしい」とムッシュ。
和える食材も自由自在、
ヘルシーでワインがすすむ、小田島流・白和えです。

基本の白和え地

35kcal

材料［4人分］

木綿豆腐…1/2丁
砂糖…少々
醤油…少々

作り方

❶豆腐は軽く水切りして、フードプロセッサーに10~15秒かけて、液状化する。

❷砂糖と醤油を加え、再びフードプロセッサーで混ぜる。

From ムッシュ

控えめな味付けのほうが、具材が引き立ちます。

固めにゆでて歯ごたえも楽しめる

アスパラガスの白和え

42kcal

材料［4人分］

グリーンアスパラ…適量

作り方

❶少し塩を入れた湯で、アスパラガスをゆでる。固い部分を切り捨て、5cmくらいの小口切りにして、基本の白和え地とあえる。

BEST PAIRING

例えば… ソーヴィニヨン・ブラン

軽めの白

ソーヴィニヨン・ブランのハーブや茎っぽさが、グリーンアスパラの食感とよく合う。

ワインがすすみます！

かにの白和え

46kcal

材料［4人分］

市販のカニフレーク…50g

作り方

❶かにの水煮缶などのカニフレークをほぐして、基本の白和え地と和える。

BEST PAIRING　例えば…シャルドネ

重めの白

カニと相性抜群のシャルドネ。豆腐のコクも相まって最高の組み合わせに！

意外な組み合わせ!?

ぶどうの白和え

50kcal

材料［4人分］

種なしぶどう…適量
（シャインマスカット）

作り方

❶ぶどうの皮をむいて、基本の白和え地と和える。

❷シャインマスカットならば、皮ごと食べられるので大ぶりに切ってどうぞ！

BEST PAIRING　例えば…ミュスカ

軽めの白

和えるブドウの品種によって、ワインも変えるとよい。黒ブドウの場合は赤ワインで。

だしの風味が香る

こんにゃくおでん

17kcal

材料［4人分］

こんにゃく…2丁
だし昆布…少々
【おでんだしの割合】
和風だし10：醤油1：みりん1

作り方

❶こんにゃくは6つに切り分け、熱湯で茹でこぼす。

❷鍋におでんだしをたっぷりと作り、①を入れて2時間煮る。このとき、だし昆布を忘れないように。里いもやアスパラなど、好みの野菜を一緒に煮てもおいしい。

BEST PAIRING 例えば… **シャルドネ**

重めの
白

さっぱりとしたおでんの味わいに、シャルドネが厚みを加え、ミネラル感がこんにゃくと合う。

濃いめの味つけで赤ワインと

こんにゃく万年煮

19kcal

材料［4人分］

こんにゃく…1丁
【万年煮の割合】
水8：醤油1：砂糖1

作り方

❶こんにゃくは適当に切れ目を入れ、茹でてからザルに上げる。

❷万年煮の材料を鍋で温めておく。

❸フライパンでこんにゃくを軽く炒り、②の鍋に入れて中火でゆっくりと濃い味に仕上げる。好みで絹さやの塩ゆでなどを飾る。

BEST PAIRING　例えば…　メルロー

重めの赤

果実味にあふれたメルローが、万年煮にしたこんにゃくの甘辛さとぴったり。

From ムッシュ

何万年は持ちませんが（笑）、濃いめの味で日持ちすることから「万年煮」の名がつきました。

あつあつのうちに召しあがれ！

ほっこり丸ごとにんにくと黄金味噌

56kcal

材料［2人分］

大粒にんにく（皮付き）…1個

【黄金味噌】
下記の材料を好きな割合で混ぜる。

味噌
にんにく
生姜
梅肉
柚子皮
｝細かく刻む

作り方

1. 新聞紙を水でぬらし、皮ごとにんにくを包む（写真下）。
2. 600Wの電子レンジで2分温める。
3. やけどしないように新聞紙から出して、皮をむき黄金味噌をつけて食べる。

BEST PAIRING	例えば… ピノ・ノワール
軽めの赤	味噌と様々な薬味には、華やかで酸が軽やかなピノ・ノワールが合う。

BEST PAIRING	例えば… ゲヴュルツトラミネール
軽めの白	にんにくのふくよかな味わいに華やかな香りのゲヴュルツトラミネールが寄りそう。

電子レンジで
やわらかにんにく

肉のつまみ

一人でつまんでも、みんなで食べても、一皿あるだけで、食卓が盛り上がる肉料理。ワインもたくさん飲みたいから、こってりしすぎない、和風がベースの肉のつまみを教えます。

辛くて酸っぱいおろしたまねぎが絶妙

冷しゃぶ牛 おろしたまねぎ添え

312kcal

材料［2人分］

牛肉（しゃぶしゃぶ用）…2人前
たまねぎ…1個
きゅうり…1本
ポン酢…適量

作り方

❶きゅうりは、斜めにスライスして更に千切りにし水にさらす。

❷しゃぶしゃぶ用の牛肉は、さっと熱湯にくぐらせ、冷水にとりザルに上げる。

❸たまねぎはすりおろして、ポン酢を合わせておく。

❹①と②を盛り合わせ、③をたっぷりとかける。あれば、ゆず皮をちらす。

BEST PAIRING

例えば…

ルーサンヌ

重めの
白

はちみつのような繊細なアロマで、ふくよかなルーサンスが牛肉の旨みとマッチ。

BEST PAIRING 例えば…
ヴェルメンティーノ

重めの
白

ふくよかで厚みのあるヴェルメンティーノの味わいが、麹の甘みと豚肉の脂身に寄り添う。

漬けて焼くだけ！　シンプルなのに大満足

豚ロース肉の塩麹焼き

273kcal

材料［2人分］

豚ロース肉（厚みのあるもの）
…2枚（200g）
塩麹…適量

作り方

❶ボウルに豚ロース肉と塩麹を入れ、手でよくもみ込み、30分くらいなじませる。

❷フライパンを熱し、中火で両面を焼く。火が通れば出来上がり。焦げやすいので気を付けて。

BEST PAIRING　例えば…　**ガメイ**

軽めの**赤**

軽やかでジューシーなガメイが、冷やした豚肉と合う。ワインも少し冷たくするのがおすすめ。

さっぱりとサラダ感覚で食べられる

豚肉のみぞれポン酢

294kcal

材料［2人分］

豚コマ肉…200g
大根おろし…適量
ポン酢（市販）…適量
たまねぎ、きゅうりなど好みの野菜…適量
白胡麻…少々

作り方

1. 豚コマ肉は、熱湯でしっかりとゆでる。水にさらして水切りする。
2. たまねぎは切って水にさらし、きゅうりは千切りにする。
3. ポン酢と大根おろしを合せて、みぞれポン酢を作る。
4. 器に①と②を盛り付け、白胡麻をちらす。好みで柚子の皮をのせて、③をかける。

BEST PAIRING
例えば…
ロゼ・スパークリング
泡
豚バラ肉の旨みで包まれたキャベツの甘みが、ロゼ・スパークリングのしっかりとした味わいとマッチ。

キャベツと豚肉の旨みたっぷり

豚バラ肉とキャベツのミルフィーユ

171kcal

材料［4人分］

豚バラ肉（スライス）…10枚
キャベツの葉…6枚
醤油…少々
砂糖…少々
マスタード…少々

作り方

❶キャベツの葉は芯からはずして茹でる。冷めたら芯の固いところを切っておく。

❷①を拡げて豚バラ肉をのせてミルフィーユ状にしっかり巻き込み、巻き終えたら数カ所を輪ゴムで留める。

❸鍋たっぷりの湯を用意して②を中火で煮る。醤油、砂糖で味つけする。

❹③を切り分け、皿に盛ってマスタードを添える。

BEST PAIRING 例えば…
サンジョベーゼ

重めの赤

根菜を多く使う筑前煮には、果実味豊かで大地の香りが感じられるサンジョベーゼがよく合う。

フライパンで出来る本格料亭の味

筑前煮

134kcal

材料［4人分］

鶏肉（コマ切れ）…200g
ごぼう…適量
にんじん…適量
アスパラ（芯）…適量
【調味だし割合】
水12：醤油1：砂糖1

作り方

❶野菜はそれぞれひと口大に切って茹でておく。

❷フライパンで鶏肉を炒め、さらに①の野菜を加えてさっと炒める。

❸調味だしを鍋に入れて沸かし、②を加えて中火で煮る。火が通ったら器に盛り付ける。

BEST PAIRING 例えば…
シャルドネ

重めの
白

シャルドネのふくよかな味わいが、鶏肉の上で溶けるバターと好相性。

焦がし醤油とバターでワインがすすむ！

鶏もも肉のバター焼き

306kcal

材料［2人分］

鶏もも肉…1枚
アスパラガス…4本
バター…少々
醤油…少々

作り方

❶鶏もも肉をフライパンで両面ゆっくりと焼く。フライパンの端を使って、アスパラガスも焼く。

❷鶏肉が焼けたらひと口大に切って、フライパンに戻し、醤油をまわしかけ焦がす。

❸鶏、アスパラガスを盛り付け、バターをのせて出来上がり。

BEST PAIRING 例えば… ミュスカデ

軽めの白

香ばしく焼いた鶏肉を、ミュスカデのさっぱりとした味わいで洗い流す。

香ばしく焼いた皮とレモンがマッチ

鶏もも肉の塩焼き

250kcal

材料［2人分］

鶏もも肉…1枚
塩…少々
レタスの葉…2枚
レモン…2切れ

作り方

❶鶏もも肉にうすく塩をふる。フライパンを熱して、鶏肉を皮目から先に焼き、フタ（アルミホイルでOK）をして両面焼く。

❷①をひと口大に切って、レタスの葉を敷いた皿に盛り付け、レモンを添える。

BEST PAIRING 例えば… **サンジョベーゼ**

重めの
赤

醤油や砂糖でこっくりと味つけした砂肝に、サンジョベーゼの豊かなボリュームが合う。

火を入れ過ぎないのがポイント

鶏砂肝のやわらか炒め

113kcal

材料［2人分］

鶏の砂肝…20個ぐらい
青菜のおひたし…少々
酒…適量
醤油…適量
砂糖…適量

作り方

❶砂肝は皮を丁寧に切って取りのぞく。

❷油をひいたフライパンで①の砂肝を炒め、酒、醤油、砂糖で味をつける。砂肝に7割ほど火が入ったらフライパンから取り出す。

❸②を器に盛り、青菜を添える。

BEST PAIRING 例えば…ネッビオーロ

重めの赤

しっかりしたタンニンが印象的なフルボディの赤ワイン。レバーペーストの濃厚な味わいを中和する。

新鮮だからおいしい。自家製レバーペースト

鶏モツレバーペースト

133kcal

材料［2人分］

鶏レバー…適量
クラッカー…数枚
【調味材料】
味噌、生姜（すりおろし）、
醤油、塩…それぞれ少々

作り方

❶鶏レバーは血抜きをして、水でよく洗う。沸騰した湯で固ゆでし、裏ごしする。

❷鍋に①を入れ調味材料を加え、中火でよく煮て出来上がり。冷めるまで待つ。

❸クラッカーをのせて食べる。

BEST PAIRING

例えば…
バルベーラ

重めの赤

バルベーラの根菜のようなニュアンスが、甘辛く炒めたごぼうの深い味にぴったり。

甘辛い鶏ハツとごぼうが赤ワインにぴったり

鶏ハツのごぼう炒め

139kcal

材料［4人分］

鶏のハツ…10～20個
ごぼう…適宜
白胡麻…少々
【調味料】
酒、醤油、砂糖…それぞれ少々

作り方

1. ごぼうはひと口大に切り分け、柔らかく茹でておく。
2. ハツは縦切りにして、水にさらし血を取り除く。
3. フライパンで②を炒め、すぐにごぼうも入れて調味料を加える。あまり濃い味つけにしないのがポイント。
4. 器に盛り付け、上から白胡麻をふる。

「やせつまみ」ではないけれど
やっぱりみんな大好き！
牛ステーキ&豚カツ

BEST PAIRING 例えば… ジンファンデル

重めの赤

ボリューミーでしっかりとした味わいのジンファンデルは、がっちりと肉を食べる時にぴったり。

サイコロステーキ赤ワインソース

材料［2人分］

サイコロステーキ…適量
マスタード…少々
粒マスタード…少々
レモン…少々
【赤ワインソースの割合】
赤ワイン1：醤油0.5

作り方

❶赤ワインソースを用意する。少量で十分。

❷フライパンでサイコロステーキを焼き、好みの焼き加減になったら①を加えて強火でさっと絡める。

❸器に盛り付け、粒マスタードとレモンを添える。

BEST PAIRING 例えば… ロゼダンジュ

ロゼ

油で揚げた豚肉の甘みが、ロゼダンジュのやさしい甘みと合う。粒マスタードとも相性がよい。

豚ロースカツレツ

材料［2人分］

豚ロース（中）…2枚
小麦粉…少々
パン粉…適量
胡椒…少々
揚げ油…適量

作り方

❶豚ロース肉は、両面に胡椒をふり、小麦粉をまぶす。

❷小麦粉に水を少量入れて、とき汁を少し濃いめに作る。

❸②の小麦粉のとき汁に、①の豚ロース肉をくぐらせてから、パン粉をつける。

❹揚げ油を160℃ぐらいに熱して、③をゆっくりと揚げる。

❺箸で持ち上げると軽く感じるくらいになったら油から出し、10分ほど蒸らす。好みで粒マスタードを添える。

ワインをおいしくする漬け物&調味料

ほどよい塩味の漬け物や、薬味を混ぜた黄金味噌、白身魚と相性抜群の万能ドレッシングなど、ワインにほどよくマッチする漬け物&調味料を紹介します。

①漬け物

刻んで、野菜や豆腐、肉、魚にのせたり、混ぜたり。
漬け物は、ほどよい塩味でワインを
おいしくします。

BEST PAIRING 例えば… バルベーラ

軽めの赤

生き生きとしたフルーティーさと根菜のニュアンスを合わせ持つバルベーラは、山ごぼうとよく合う。

BEST PAIRING 例えば… ヴィオニエ

軽めの白

豊かでアロマティックなヴィオニエが、すぐき漬けの酸味に華やかさを加える。

すぐき漬け

山ごぼう漬け

BEST PAIRING 例えば… **ソーヴィニヨン・ブラン**

軽めの白

ハーブの香りがするソーヴィニヨン・ブランは、青菜の漬け物にぴったり。野沢菜の茎だとベスト。

野沢菜漬け（茎）

BEST PAIRING 例えば… **ガメイ**

軽めの赤

ジューシーな果実味のあるガメイの味わいが、酸味のあるしば漬けに寄りそう。

しば漬け

BEST PAIRING

例えば…

ピノ・ノワール

軽めの
赤

味噌と様々な薬味には、華やかで酸が軽やかなピノ・ノワールが合う。

②黄金味噌

【割合】

下記の材料を好きな割合で混ぜる。

味噌
にんにく
生姜
梅肉
柚子の皮

③万能ドレッシング

野菜サラダの
ドレッシングはもちろん、
白身魚とも相性ばっちり。

【割合】
油1：酢1：醤油1
マスタード…適量
白胡麻…適量
刻みにんにく…適量

BEST PAIRING

例えば…
スパークリングワイン

泡

合わせる食材にもよりますが、万能ドレッシングのオイリーさを、さわやかに洗い流してくれます。

ブドウ品種の特徴を知ろう！

**ワインと料理のペアリングをもっと自由自在に楽しむために、
本書に出てくるブドウの品種の特徴を紹介します。
自分の好みの品種がチャートのどの位置にあるかを知っておくと、
ワイン選びで失敗が少なくなります。**

白ワイン篇

ワインは、ブドウの果汁に含まれる糖分を直接発酵させたお酒です。ビールや日本酒のように〝仕込み水〟を使うことがないので、原料のブドウの質がそのままワインの味わいに影響します。だから、ブドウそのものがとっても大切。ブドウ栽培農家は、さまざまな工夫をして、おいしいブドウ作りに励んでいます。

現在、ワイン用として育てられているブドウは、世界中で約１０００種あると言われています。このうち、実際によく使われている主要品種は約１００種。同じ品種でも、産地が異なると違った風味のワインになるのが、〝ワインは農産物〟と言われるゆえんです。

白ワインは、基本的に白ブドウから造ります（まれに黒ブドウを使った白ワインもあります）。果汁だけをしぼって、酵母を加えて発酵させます。ブドウの特徴から白ワインを表現する言葉は、レモン、ライム、グレープフルーツ、りんご、洋ナシ、パイナップル、ハーブ、芝、白胡椒、杉、ユーカリ……など。みんな〝ブドウ〟なのにおもしろいですね。

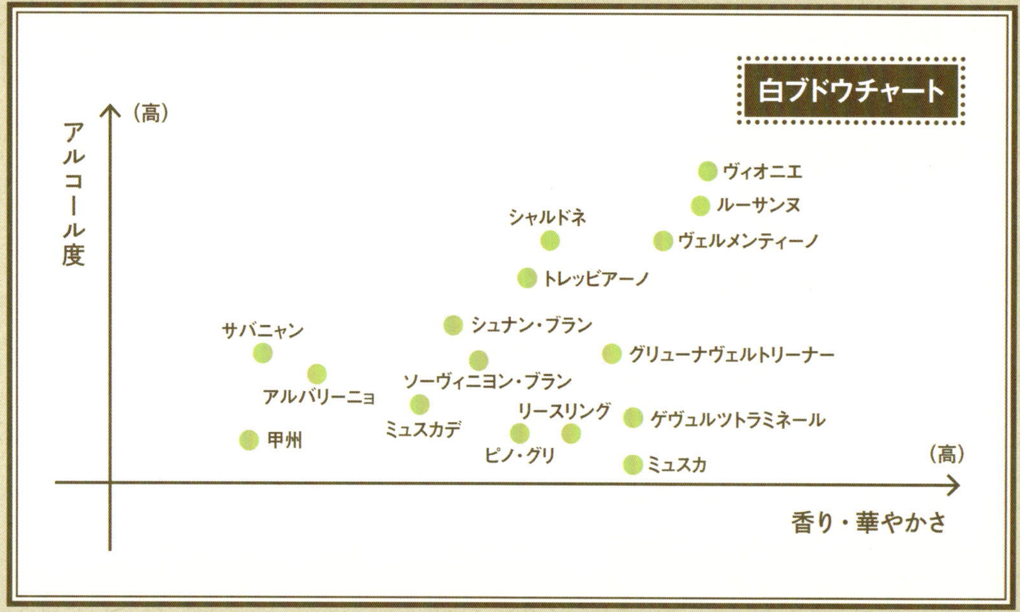

＊産地は主なもの。

《この本に出てくる白ブドウの品種の特徴》

Characteristics

アルバリーニョ	スペインやポルトガルの大西洋地域。いきいきとした酸味が特徴で、シーフードと合う。
ヴィオニエ	フランスのローヌ地方やアメリカ、オーストラリアなど。芳香性が高く、厚みのある味わいで、風味も長く残る。
ヴェルメンティーノ	フランスのコルシカ島やイタリア。花や果実のアロマが豊かで、厚みのある味わいのワインを生み出す。
グリューナ ヴェルトリーナー	オーストリアで、もっとも多く栽培されている固有品種。軽やかな酸が中心の辛口から、甘口まで幅広いワインがつくられる。
ゲヴュルツ トラミネール	フランスのアルザス地方やドイツ、アメリカ、カナダなど。「ゲヴュルツ」はスパイスの意味で、トロピカルフルーツやバラなどの非常に華やかな香りが特徴。
甲州	日本固有の品種で、ワイン用と食用がある。日本ではワイン用ブドウとしてもっとも生産量が多く、2010年にO.I.V（国際ブドウ・ブドウ酒機構）のリストに品種として掲載された。
サバニャン	フランスのジュラ地方の黄ワイン（ヴァン・ジョーヌ）を造る品種。「ナチュレ」という別名も持つ。旨味が強く、長期熟成が可能な品種。
シャルドネ	フランスのブルゴーニュ地方をはじめとする世界各地。もっとも有名な白ブドウ品種の一つだが、産地や醸造法で味わいが大きく変わるため「個性のないのが個性」と言われる。
シュナン・ブラン	フランスのロワール地方をはじめとする世界各地。辛口から甘口、スパークリングワインまで多彩なスタイルのワインを生み出す品種。
ソーヴィニヨン・ブラン	フランスのロワール地方、ボルドー地方をはじめとする世界各地。ハーブやレモンなどの爽やかな香りが特徴。辛口が多いが、他のブドウと混ぜて甘口ワインにすることも。
トレッビアーノ	イタリア全土で広く栽培されている品種。酸味が多く、ボディは中程度のワインとなる。
ピノ・グリ	フランスのアルザス地方やサヴォア地方、ドイツ、イタリアなど。果皮がピンク色がかった灰色の白ブドウ。スモーキーな香りが感じられ、丸みと爽やかさの両方を持つ。
ミュスカ	フランス南部をはじめとする世界各地。マスカット。地域によってさまざまな別名を持ち、甘口だけでなく、フランスのアルザス地方では辛口もつくられる。
ミュスカデ	フランスのロワール地方。「ムロン・ド・ブルゴーニュ」の別名を持つ、ブルゴーニュ生まれの品種。日本酒のような吟醸香を生む醸造法をとることが多い。
リースリング	ドイツ、フランスのアルザス地方など世界各地。花のような香りと酸味がしっかりしており、甘口から辛口まで幅広い味わいのワインになる。
ルーサンヌ	フランスのローヌ地方、サヴォア地方。繊細で花などの香りを持つワインを生み出す。

ワインは産地、造り手、ヴィンテージ（年）などによって、味わいが大きく変わります。ですから、チャートは一つの目安として使って下さい。ワインを自分で「観察」して、自分だけのチャートを作ってみるのもいいかもしれません。

赤ワイン篇

白ワインが白ブドウの果汁だけをしぼって発酵させるのに対して、赤ワインは、黒ブドウの果皮と種を果汁と一緒に発酵させて、あとから果皮と種を取り除きます。

つまり、赤ワイン独特の渋み（タンニン）や美しい赤色（アントシアニン）は、種や果皮にその元があるのです。

赤ワインが苦手な人のなかには、渋みが口に残るのがちょっと……という人も多いかもしれません。そういう場合は、渋みの低い品種を選ぶのもひとつの方法。もしくは、ひと口飲んでみて「渋い」と感じたら、しばらくボトルの栓を開けておいたり、グラスを回したり、空気と馴染ませると、やわらかな味わいになります。

また、赤ワインをおいしく飲める温度は、12～20℃くらい。「赤ワインは室温で」と言われることもありますが、季節によって室温も変化することも気にとめたいですね。料理によっては、冷やし気味にするほうが合うこともあります。

ブドウ品種の特性と合わせて、飲み方もいろいろと試してみるとワインライフの幅が広がります。

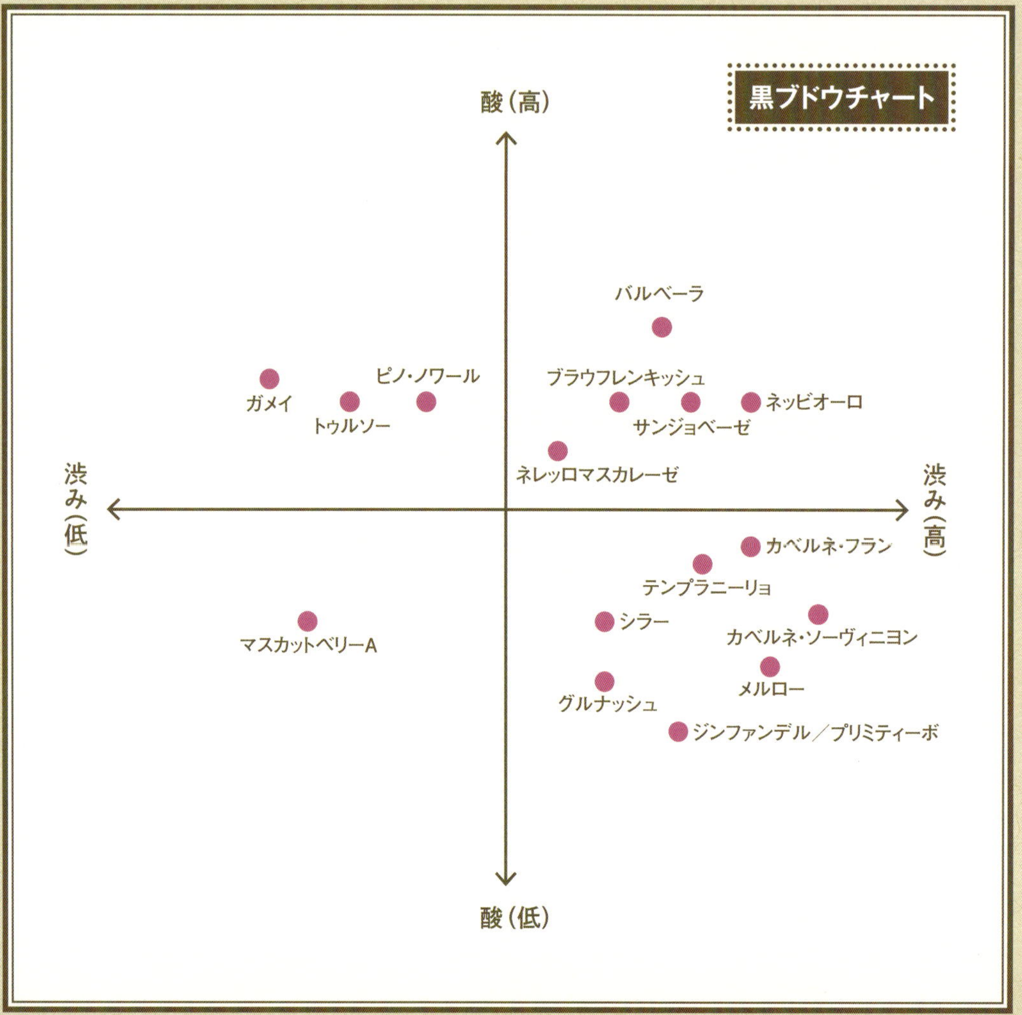

＊産地は主なもの。

《この本に出てくる黒ブドウの品種の特徴》

Characteristics

カベルネ・ソーヴィニヨン	フランスのボルドー地方をはじめとした世界各地。力強いタンニンとしっかりとした骨格が特徴のワインが造られる。
カベルネ・フラン	フランスのボルドー地方、ロワール地方をはじめとする世界各地。世界中で親しまれている黒ブドウ品種、カベルネ・ソーヴィニヨンの親にあたる品種だが、色合いは比較的淡く、タンニンも低め。
ガメイ	フランスボジョレー地方、ロワール地方、アメリカなど。ボージョレ・ヌーボーの品種としてよく知られる。繊細で果実味豊かなワインとなる。
グルナッシュ	フランス南部、オーストラリア、アメリカなど。スペインからフランスにもたらされた品種（スペインでは「ガルナッチャ」と呼ばれる）で、アルコール度が高く、丸みのあるワインとなる。
サンジョベーゼ	イタリアのトスカーナ地方を中心に、ほぼイタリア全土。日本でも人気のある「キャンティ」「キャンティ・クラシッコ」の主要品種。
シラー	フランス南部、オーストラリア、アメリカ、南アフリカなど。ボディがしっかりとしていて、色が濃く、熟成向きのワインとなる。オーストラリアでは「シラーズ」と呼ばれる。
ジンファンデル（プリミティーボ）	アメリカ。イタリア南部のプリミティーボと同じ品種で、そのルーツはクロアチアの土着品種と考えられている。
テンプラニーリョ	スペイン、ポルトガル、アルゼンチンなど。スペインを代表する黒ブドウ品種で、長期熟成型のワインを生み出す。
トゥルソー	フランスのジュラ地方、ブルゴーニュ地方、ポルトガル。穏やかなピノ・ノワールといったイメージを持つ長期熟成型で、旨味のある品種。
ネッビオーロ	イタリアのピエモンテ州など。酸が多く、アルコール度の高い長期熟成型のワインを造る。
ネレッロ マスカレーゼ	イタリアの南部やシチリア島など。島のシンボル「エトナ火山」の火山灰地に適した品種で、「エトナ・ロッソ」の主要品種。
バルベーラ	イタリアのピエモンテ州を中心としたイタリア全土、アメリカ。酸味、アルコール度が高く、フレッシュで果実味が豊かなワインとなる。
ピノ・ノワール	フランスのブルゴーニュ地方をはじめとした世界各地。淡く美しい赤色と長期熟成にも耐えうる酸味と渋みで世界中にファンの多い品種。
ブラウフレンキッシュ	オーストリアの固有品種。個性的な酸としっかりとしたタンニンが特徴の長期熟成型のワインが造られる。
プリミティーボ（ジンファンデル）	南イタリアのプーリア州で古代からある品種。柔らかな口あたりで、果実味あふれるワインが造られる。
マスカットベリー A	1927 年に日本で開発された品種。甘いキャンディ香と柔らかな渋みが特徴。2013 年に O.I.V（国際ブドウ・ブドウ酒機構）のリストに品種として掲載された。
メルロー	フランスのボルドー地方をはじめとした世界各地。カベルネ・ソーヴィニヨンと共に、ボルドーを代表する品種。タンニンがなめらかで、心地よい飲み心地のワインが造られる。

タコ

タラ

チーズ

調味料

漬物

豆腐

トマト

鶏肉

にんにく

ネギ

蛤

豚肉

ブリ

マグロ

もやし

レタス

レンコン

《食材別さくいん》

レシピに登場する主材料別の索引です（50音順）

●黒ブドウ

●スパークリングワイン

●ロゼワイン

●ポートワイン

《ワイン品種別さくいん》

ワイン（ブドウの主要品種）別にレシピを探せる索引です（白ブドウ、黒ブドウに分けて、50音順）
スパークリングワインとロゼワインは、本編におすすめワインを記しています

白ブドウ

小田島 稔（おだしま みのる）

1944年生まれ。「割烹 小田島」オーナーシェフ。1970年代から「和食とワイン」を合わせた店を経営し、各界の著名人や食通から絶大な人気を誇る。

Staff

撮影　山崎ゆり

デザイン　SPAIS（熊谷昭典　大木真奈美）
宮崎希沙

構成・編集　本間朋子（Let It Be Ltd.）

栄養計算　田村つぼみ

割烹《かっぽう》小《お》田《だ》島《しま》流《りゅう》 相性《あいしょう》の良《よ》さを味《あじ》わう至福《しふく》の晩酌《ばんしゃく》セット80

ワインがすすむ やせつまみ

NDC 596

2016年2月18日　発　行

著　者　小《お》田《だ》島《しま》 稔《みのる》

発行者　小川雄一

発行所　株式会社 誠文堂新光社
〒113-0033 東京都文京区本郷3-3-11
（編集）電話03-5805-7762
（販売）電話03-5800-5780
http://www.seibundo-shinkosha.net/

印刷・製本　大日本印刷株式会社

ISBN978-4-416-61664-2